VENTE aux ENCHÈRES

Hôtel des Ventes, rue de Grassi, salle A, à BORDEAUX

Le Samedi 22 Mars 1902, à une heure

DE L'IMPORTANTE

Collection de Tableaux

Et d'une Belle

Garniture de Cheminée en Porcelaine de Sèvres Louis XVI

DU

Château Deganne

(d'Arcachon)

Par le ministère de Mᵉ MONTARIOL, commissaire-priseur

11, rue de Grassi, 11

EXPOSITION VENDREDI 21 MARS

Au Comptant et 5 %

BORDEAUX

IMPRIMERIE G. GOUNOUILHOU

11 — RUE GUIRAUDE — 11

1902

VENTE aux ENCHÈRES

Hôtel des Ventes, rue de Grassi, salle A, à BORDEAUX

Le Samedi 22 Mars 1902, à une heure

DE L'IMPORTANTE

Collection de Tableaux

Et d'une Belle

Garniture de Cheminée en Porcelaine de Sèvres Louis XVI

DU

Château Deganne

(d'Arcachon)

Par le ministère de M⁰ MONTARIOL, commissaire-priseur

11, rue de Grassi, 11

EXPOSITION VENDREDI 21 MARS

Au Comptant et 5 %

BORDEAUX

IMPRIMERIE G. GOUNOUILHOU

11 — RUE GUIRAUDE — 11

1902

VENTE AUX ENCHÈRES

DE L'IMPORTANTE

Collection de Tableaux

ET D'UNE BELLE

Garniture de Cheminée en Porcelaine de Sèvres Louis XVI

DU

CHATEAU DEGANNE

(D'ARCACHON)

ALAUX (Guillaume)

Né à Bordeaux, élève de MM. Bonnat, Humbert et Gervex; à Paris.
Mention honorable au Salon de 1884.

1. **Midi** (Salon de Paris 1882) ($1^m 40 \times 1^m 90$).

ALEIM (J. d')

Né à Sensk (Russie), élève de Th. Rousseau; à Paris. — Exempt.

2. **Marine**, étude ($0^m 55 \times 0^m 32$).

ANNALY (Mme)

Née à Bordeaux, élève de MM. Auguin, Baudit et Pelouse; à Bordeaux.

3. **Les bords du Drot** (Lot-et-Garonne) ($1^m 55 \times 1^m 15$)
   (Salon de Paris 1878).

AUGUIN (Louis-Augustin)

Né à Rochefort, élève de Corot et de J. Cogniet, H. C. ; à Bordeaux.

4. **Soirée d'octobre à Vayres** (Gironde) (Salon de Paris 1882) (1ᵐ 60 × 1ᵐ 15).
5. **Forêt** : *Solitude près de l'Océan* (Salon de Paris 1864) (0ᵐ 50 × 0ᵐ 60).
6. **Paysage** : *Bassin d'Arcachon* (0ᵐ 65 × 0ᵐ 45).

BAUDIT (Amédée)

Né à Genève, élève de M. Diday, H. C. ; à Bordeaux.

7. **Fleurs** (Salon de Paris 1880) (1ᵐ 42 × 1ᵐ 15).
8. **Les bords de la Vézère aux Eyzies** (Dordogne) (Bordeaux 1877) (1ᵐ 45 × 0ᵐ 95).

BEERNAERT (Mˡˡᵉ Euphrosine-Ostende)

Née à Ostende (Belgique) ; à Bruxelles.

9. **Environs d'Arnheim** (Hollande) (1ᵐ 35 × 0ᵐ 85).

BENOUVILLE (Jean-Achille)

Né à Paris, 1ᵉʳ Grand Prix de Rome en 1845, élève de Picot, H. C., chevalier de la Légion d'honneur ; à Paris.

10. **Villa Castel Fusano, environs de Rome** (Salon de Paris 1876) (0ᵐ 40 × 0ᵐ 45).

BONHEUR (Germain)

Né à Paris, élève de Mˡˡᵉ Rosa Bonheur et de M. Gérôme.

11. **Berger et Moutons** — *Premières nuées d'automne* (Salon de Paris 1878) (1ᵐ × 0ᵐ 75).

BOULANGER (Jean-Baptiste-Louis)

Né à Verzy (Marne), élève de M. Paris et d'Eugène Delacroix ; à Paris.

12. **Paysage et Animaux** (Salon de Paris 1866) (0^m85 × 0^m55).

BRISSET (Pierre)

Né à Sens, élève de M. Coigniet, H. C. ; à Versailles.

13. **Six médaillons :** *le Printemps, l'Été, l'Automne, l'Hiver, la Chasse et la Pêche* (0^m70 × 1^m).
14. **Quatre médaillons**, tableaux de genre (Septembre 1866) (0^m70 × 1^m).

BRISSOT DE WARVILLE (Félix-Saturnin)

Né à Sens, élève de M. Cogniet, H. C ; à Versailles.

15. **Troupeau descendant de la montagne** (Salon de Paris 1879 (0^m45 × 0^m55).

BUSSON (Charles)

Né à Montoire (Loir-et-Cher), élève de MM. Reinoud et Français, H. C. ; à Paris.

16. **Souvenir de Touraine** (1^m15 × 0^m88).

CABIÉ (Louis-Alexandre)

Né à Dôle (Ille-et-Vilaine), élève de M. Pradelles ; à Bordeaux.

17. **Automne** (Bordeaux 1884) (0^m90 × 1^m45).

CARON (Jules)

Né à Paris, élève de Reinoud.

18. **Marine** (Salon de Paris 1870) (0^m55 × 1^m).
19. **Moulin** (Salon de Paris 1870) (0^m55 × 1^m).
20. **Forêt d'Arcachon** (Salon de Paris 1870) (0^m55 × 1^m).

21. **Phare de Cordouan** ($0^m55 \times 1^m$).
22. **Vue du Bassin et Forêt d'Arcachon** (Salon de Paris 1871) ($0^m30 \times 0^m48$).
23. **Avenue du Collège à Arcachon** (Salon de Paris 1871) ($0^m24 \times 0^m26$).
24. **Le devant de la Chapelle à Arcachon** ($0^m34 \times 0^m26$).
25. **Four à briques à Gujan-Mestras** ($0^m35 \times 0^m25$).
26. **Garde-feu à Mouleau** ($0^m30 \times 0^m25$).
27. **Le Lièvre et les Grenouilles** ($0^m65 \times 1^m70$).
28. **Le Rat qui s'est retiré du monde** ($0^m65 \times 1^m70$).
29. **Le Rat de ville et le Rat des champs** ($0^m65 \times 1^m70$).
30. **Le Renard et les Raisins** ($0^m65 \times 1^m70$).
31. **Fleurs** ($1^m40 \times 1^m70$).
32. **Raisins** (Salon de Paris 1870) ($0^m40 \times 0^m30$).
33. **Marine**, d'après Gudin ($1^m40 \times 0^m90$).
34. **Incendie en Mer**, d'après Gudin ($1^m40 \times 0^m90$).
35. **Vue d'Arcachon en 1851** ($0^m50 \times 0^m35$).
36. **Écureuils** ($0^m35 \times 0^m25$).
37. **Château Deganne en 1873** ($1^m25 \times 0^m70$).
38. **Herbelay**, d'après Daubigny ($0^m60 \times 0^m33$).
39. **Raisins et nèfles** ($0^m30 \times 0^m20$).
40. **Pêches et prunes** ($0^m30 \times 0^m20$).
41. **Four à chaux à Gazinet** ($0^m35 \times 0^m25$).
42. **Cabannes à Roumegousse** ($0^m35 \times 0^m25$).
43. **Café du Jardin-Public à Bordeaux en 1849** ($0^m35 \times 0^m25$).

CÉRAMANO (Charles-Ferdinand)

Né à Thielt (Belgique); à Barbizon.

44. **Moutons au pâturage — *Fontainebleau*** (Salons de Paris 1877, Bordeaux 1878) ($3^m \times 2^m50$).

CHANTON (Mme Louise)

Baronne Tristan Lambert, née à Paris, élève de A. Falles; à Paris.

45. **Dans la cuisine** (Salon de Paris 1880) ($1^m15 \times 0^m90$).

CURZON (Paul-Alfred de)

Né à Poitiers, élève de Drolling et de M. Cabat, H. C.; à Passy.

46. **Ruines d'aqueduc dans la campagne de Rome** (Salon de Paris 1877) (1ᵐ × 0ᵐ62).

DELFOSSE (Ernest)

Né à Bruxelles, élève de Camille Roqueplan; à Paris.

47. **Le vieux Marquis** (0ᵐ35 × 0ᵐ45).
48. **Déclaration d'amour** (0ᵐ26 × 0ᵐ40).

DESALLE (Mᵐᵉ Alice)

Née Stroobant, élève de son père; à Bruxelles.

49. **Lisière de Forêt à la Hulpe** (près Bruxelles) (salon de Paris 1881) (0ᵐ85 × 0ᵐ65).

DROUYN (Leo)

Né à Yzon (Gironde). — Exempt.

50. **Puy-l'Évêque** (Salon de Paris 1878) (0ᵐ30 × 0ᵐ20).

FAUCHÉ-GUDIN (Mᵐᵉ H.)

A Paris, chez M. Duval, 15, rue Lafitte.

51. **Marine** (0ᵐ42 × 0ᵐ30).

GALLARD-LÉPINAY (Emmanuel)

Né à Aulnay (Charente-Inf.), élève de Jacquand; aux Batignolles, Paris.

52. **Marine**, Guernesey (Salon de Paris 1881) (1ᵐ30 × 0ᵐ96).

GARAUD (Gustave-Césaire)

Né à Toulon, élève de M. François; à Paris.

53. **La Sieste sur les bords du Gapeau** (Bordeaux 1884)
(0^m 60 $\times$ 0^m 45).

GASSOWSKI (Arthur de)

Né en Pologne, élève de M. Busson; à Paris.

54. **Paysage,** Eyzies (Dordogne) (Salon de Paris 1878)
1^m 50 $\times$ 1^m 05).

GENESTE (Jules)

A Bordeaux.

55. **La Garonne** (Salon de Paris 1872) (0^m 58 $\times$ 0^m 35).

GORIN

Né à La Brède (Gironde).

56. **Moutons** (Salon de Paris 1857) (1^m 55 $\times$ 1^m 10).

GUIGON (Paul)

Né à Villars (Vaucluse), élève de M. E. Loubon.

57. **La Durance** (Salon de Paris 1866) (1^m 15 $\times$ 0^m 65)

HUGUET (Victor-Pierre)

Né au Lude (Sarthe), élève de Loubon; à Paris.

58. **Tente arabe** (1^m 40 $\times$ 1^m).

JACQUELIN (Mlle Marguerite)

Née à Bordeaux, élève de MM. Tony, Bonnat, Auguin; à Bordeaux.

59. **Fleurs** (Bordeaux 1885) (1^m 40 $\times$ 1^m 05).

Jacquemart (Mlle Nélie)

Née à Paris, élève de M. L. Cogniet, H. C.

60. **Molière chez le barbier Gély à Pézenas** (Salon de Paris 1863, n° 982). (1ᵐ 65 × 1ᵐ 10).

> . Pendant que Molière habitait Pézenas, il se rendait assidument chez un barbier de la ville dont la boutique était le rendez-vous des oisifs, des campagnards et des agréables.
> C'est là que Molière a saisi les types du Bourgeois Gentilhomme, du médecin Diafoirus et de son fils, des Clitandre et des Don Juan.

JUNDT (Gustave)

Né à Strasbourg, élève de Drolling et de Biennourry, H. C., chevalier de la Légion d'honneur; à Paris.

61. **Baigneuses** (Salon de Paris 1876) (0ᵐ 80 × 0ᵐ 55).

KEELHOFF (François)

Né à Néerhaeran (Belgique); à Bruxelles.

62. **Un site dans les Ardennes** (Salon de Paris 1865) (0ᵐ 52 × 0ᵐ 70).

LA VILLETTE (Mme Elodie)

Née à Strasbourg, élève de M. Corroltes, exempt; au fort de l'Est, près Saint-Denis.

63. **Marine,** effet de soleil (Kerpasse) (Salon de Paris 1876) (2ᵐ × 1ᵐ 25).

LECOMTE (Paul)

Né à Paris, élève de Lambinet et Harpignies, à Paris.

64. **Quai de la Tournelle** (Paris) (n° 309) (1ᵐ 80 × 2ᵐ).

LE COINTE (Ch. Joseph)

Né à Paris, élève de MM. Picot et Aligny, 1er Grand Prix
de Rome en 1849; à Paris.

65. **Un Marais** (Salon de Paris 1868) (1m 15 × 0m 85).

LEGRAIN (Edmond)

Né à Vire (Calvados), élève de M. Guillard à Caen et Paul Huet; à Vire.

66. **La Fortune et le jeune enfant** (copie de Baudry)
     (1m × 0m 80).
67. **Toilette de Vénus** (copie de Baudry) (1m × 0m 80).

LELEUX (Adolphe)

Né à Paris, H. C.; à Paris.

68. **Montagnards des Alpes** (Salon de Paris 1876)
                                    (1m 45 × 0m 75).

LEROY (Jules)

Né au Mans (Sarthe), élève de Ph. Rousseau; à Paris.

69. **Paon et fleurs** (2m 10 × 1m 70).
70. **Fruits et cacatoès** (2m 10 × 1m 70).
71. **Ibis sur pied** (0m 77 × 1m 70).
72. **Héron** (0m 77 × 1m 70).

LETRONE (Ludovic)

Né à Bonnétable (Sarthe), élève de Th. Rousseau; à Ceton (Orne).

73. **Paysage** (Salon de 1883) (0m 80 × 0m 65).

MAREST (Mlle Julia)

Née à Paris, élève de MM. Champin et Gervex; à Paris. — Exempt.

74. **Taquinerie** (Salons de Paris 1884, Bordeaux 1885)
                                    (1m 45 × 2m).

MICHEL (François-Emile)

Né à Metz, élève de Maréchal et de Migette; à Paris. — Exempt.

75. **Étang, en décembre** (Lorraine). (Salons de Paris 1884,
Bordeaux 1885) (1^m 20 $\times$ 1^m).

NICOLIÉ (J.-C.)

A Bruxelles.

76. **Intérieur d'une église d'Anvers** (Salon de Paris 1879)
(0^m 40 $\times$ 0^m 50).

NOËL (Jules)

Né à Quimper, élève de Charioux; à Paris.

77. **Rue en Auvergne** (Salon de Paris 1864) (0^m 38 $\times$ 0^m 53).
78. **Lessiveuses** (Salon de Paris 1864) (0^m 38 $\times$ 0^m 53).

OUVRIÉ (Pierre-Justin)

Né à Paris, élève d'Abel de Puvol, de Chatillon et du baron Taylor; à Paris.

79. **Paysage,** Un bois (0^m 63 $\times$ 0^m 38).

PRADELLES (Hippolyte)

Né à Strasbourg, élève de G. Guérin et G. Brion; à Bordeaux.

80. **Rayon de soleil à travers le brouillard, à Cestas.**
(1^m 50 $\times$ 1^m).
81. **Lessiveuses à Ychoux** (Salon de Paris 1878)
(0^m 70 $\times$ 0^m 53).
82. **Au Coca** (près Saint-Georges-de-Didonne) (Salon de
Paris 1877) (0^m 40 $\times$ 0^m 35).

RAPIN (Alexandre)

Né à Noroy-le-Bourg (Haute-Saône), élève de MM. Gérôme et Français, H. C.;
à Paris.

83. Fin d'Automne dans la vallée de Chevreuse (n° 3150,
Salon de Paris 1880) (2ᵐ 32 × 1ᵐ 45).

ROBIQUET (Mˡˡᵉ Marie-Aimée)

Née à Avranches, élève de M. Barrias, M. H.

84. Petits maraudeurs (Salon de Paris 1884) (0ᵐ 30 × 0ᵐ 45).

ROÉLOP (Willem)

Né à Amsterdam, élève de Van de Sande Backhuisen; à Bruxelles.

85. Paysage (Salon de Paris 1854) (1ᵐ × 0ᵐ 72)

SALLES-WAGNER (Mᵐᵉ Adélaïde)

Née à Dresde, élève de L. Cogniet; à Paris.

86. Fleuriste vénitienne (Salon de Paris 1882) (0ᵐ 72 × 0ᵐ 90).
87. Le secret surpris (Salon de Paris 1877) (1ᵐ 30 × 1ᵐ).

SCHAMPHÉBER (Edmond)

Né à Bruxelles.

88. Fenaison en Flandre (Salon de Paris 1865) (1ᵐ × 0ᵐ 58).

SEGÉ (Alexandre)

Né Paris, élève de L. Cogniet, H. C., chevalier de la Légion d'honneur;
à Paris.

89. La vallée de Courtry (Seine-et-Marne) (n° 2,755, Salon
de Paris 1879 (2ᵐ × 1ᵐ 35).

SÉBILLEAU (Paul)

Né à Bordeaux, élève d'Auguin ; à Bordeaux

90. **Les bords de l'Isle à Coutras** (Gironde) (Salon de Paris 1879) (0ᵐ 80 × 0ᵐ 45).

SOLARÉ

91. **Vierge à l'enfant** (copie) (0ᵐ 47 × 0ᵐ 58).

STAAL (Gustave)

92. **Graziella** (1ᵐ × 0ᵐ 80).
> « ... elle était retombée sur le tas de bruyères sèches qui lui servait de lit et me regardait. Ses yeux, animés par la fièvre, ouverts par l'étonnement et alanguis par l'amour, brillaient fixes comme deux étoiles. » (LAMARTINE.)

93. **Fior d'Aliza** (1ᵐ × 0ᵐ 80).
94. **Faust et Marguerite** (0ᵐ 80 × 1ᵐ 10).
95. **Renaud dans les jardins d'Armide** (0ᵐ 80 × 1ᵐ 10).
96. **Esmeralda** (0ᵐ 80 × 1ᵐ 10).
97. **Roméo et Juliette** (0ᵐ 80 × 1ᵐ 10).
98. **Atala** (0ᵐ 80 × 1ᵐ 10).
99. **Atala** (0ᵐ 80 × 1ᵐ 10).

THÉNOT (Vincent-Léopold)

Né à Bordeaux.

100. **La pêche sous bois** (Salon de Paris 1877) (0ᵐ 56 × 0ᵐ 40).

VALETTE (Raymond)

Né à Toulon.

101. **Paysage, moutons** (1ᵐ 10 × 0ᵐ 65).

VAN DE VOORT (Hermann-Jacobus)

Né à Amsterdam.

102. **Fiançés hollandais** (0ᵐ 57 × 0ᵐ 72).